MATILDE SERAO

IL VENTRE DI NAPOLI

MILANO

FRATELLI TREVES, EDITORI

1884.

Tip. Treves

I.

SVENTRARE NAPOLI.

Efficace la frase. Voi non lo conoscevate, onorevole Depretis, il ventre di Napoli. Avevate torto, poichè voi siete il governo e il governo deve saper tutto. Non sono fatte pel governo, certamente, le descrizioncelle colorite di cronisti con intenzioni letterarie, che parlano della via Caracciolo, del mare glauco, del cielo di cobalto, delle signore belle e dei vapori violetti del tramonto: tutta questa rettorichetta a base di golfo e di colline fiorite, di cui noi abbiamo già fatto e oggi continuiamo a fare ammenda onorevole, inginocchiati umilmente innanzi alla patria che soffre; tutta questa minuta e facile letteratura frammentaria, serve per quella parte di pubblico che non vuole essere seccata con racconti di miserie. Ma il governo doveva sapere l'*altra parte:* il governo a cui arriva la statistica della mortalità e quella dei delitti; il governo a cui arrivano i rapporti dei prefetti, dei questori, degli ispettori di polizia, dei delegati; il governo a cui arrivano i rapporti dei direttori delle carceri; il governo che sa tutto: quanta carne si consuma in un giorno e quanto vino si beve in un anno, in un paese; quante femmine disgraziate, diciamo così, vi esistano, e quanti ammoniti siano i loro amanti di cuore; quanti mendichi non possono entrare nelle opere pie e quanti vagabondi dormono in istrada la notte; quanti nullatenenti e quanti commercianti vi siano; quanto rende il dazio consumo, quanto la fondiaria, per quanto s'impegni al Monte di Pietà e *quanto renda il lotto*. Questa altra parte, questo ventre di Napoli, se non lo conosce il governo, chi lo deve conoscere? E se non servono a dirvi tutto, a che sono buoni tutti questi impiegati alti e bassi, a che questo immenso ingranaggio burocratico che ci costa tanto? E, se voi non siete la intelligenza suprema del paese che tutto conosce e a tutto provvede, perchè siete ministro?

Vi avranno fatto vedere una, due, tre strade dei quartieri bassi e ne avete avuto orrore. Ma non avete visto tutto; i napoletani istessi che vi conducevano, non conoscono *tutti* i quartieri bassi. La via dei Mercanti l'avete percorsa tutta?

Sarà larga dieci palmi, tanto che le carrozze non ci possono passare, ed è sinuosa, si torce come un budello : le case altissime la immergono, durante le più belle giornate, in una luce scialba e morta: nel mezzo della via il ruscello è nero, fetido, non si muove, impantanato: è fatto di lisciva e di saponata lurida, di acqua di maccheroni e di acqua di minestra, una miscela fetente che imputridisce. In quella strada dei Mercanti, che è una delle principali del quartiere Porto, c' è di tutto: botteghe oscure, dove si agitano delle ombre, a vendere di tutto, agenzie di pegni, banchi lotto; e ogni tanto un portoncino nero, ogni tanto un angiporto fangoso, ogni tanto un friggitore, da cui esce il fetore dell' olio cattivo, ogni tanto un salumaio, dalla cui bottega esce un puzzo di formaggio che fermenta e di lardo fradicio.

Da questa via partono tante altre viottole che portano i nomi delle arti: la Zabatteria, i Coltellari, gli Spadari, i Taffettanari, i Materassari, e via di seguito. Sono — questa è la sola differenza — molto più strette dei Mer-

canti, ma egualmente sporche e oscure; e
ognuna puzza in un modo diverso: di cuoio
vecchio, di piombo fuso, di acido nitrico, di
acido solforico.

Varie strade conducono dall'alto al quartiere Porto: sono ripidissime, strette, mal sel-
ciate. La via di Mezzocannone è popolata tutta
di tintori: in fondo a ogni bottega bruna arde
un fuoco vivo sotto una grossa caldaia nera,
dove degli uomini seminudi agitano una miscela fumante; sulla porta si asciugano dei
cenci rossi e violetti; sulle selci disgiunte
cola sempre una feccia di tintura multicolore.
Un'altra strada, le cosidette *Gradelle di santa
Barbara,* ha anche la sua originalità: da una
parte e dall'altra abitano femmine disgraziate,
che ne hanno fatto un loro dominio, e per ozio
di infelici disoccupate nel giorno o per cupo
odio contro l'uomo, buttano dalla finestra, su
chi passa, buccie di fichi, di cocomero, spaz-
zatura, torsoli di spighe: e tutto resta su questi gradini, così che la gente pulita non osa

passarvi più. Vi è un'altra strada, che, dietro l'educandato di San Marcellino, conduce a Portanova, dove i Mercanti finiscono e cominciano i Lanzieri: veramente, non è una strada, è un angiporto, una specie di canale nero, che passa sotto due archi e dove pare raccolta tutta la immondizia di un villaggio sudicio. Ivi, a un certo punto, non si può procedere oltre: il terreno è lubrico e lo stomaco spasima.

*
* *

In sezione Vicaria, ci siete stato?

Sopra tutte le strade che la traversano, una sola è pulita, la via del Duomo: tutte le altre sono la rappresentazione della vera vecchia Napoli affogata, bruna, con le case puntellate, che cadono per vecchiaia. Vi è un vicolo del Sole, detto così perchè il sole non vi entra mai; vi è un vico del Settimo cielo, appunto per l'al-

titudine di una strisciolina di cielo, che appa-
risce fra le altissime e antiche case. Attorno
alla piazzetta dei SS. Apostoli vi sono tre o
quattro stradette: Grotta della Marra, Santa
Maria a Vertecoeli, vicolo della Campana, dove
vive una popolazione magra e pallida, appe-
stata dalla fabbrica del tabacco che è lì, ap-
pestata dalla propria sudiceria; e tutti i din-
torni del tribunale, di questa grande e storica Vicaria, sembrano proprio il *suo* ambiente, vale a dire un putridume materiale e morale, su cui sorga l'estremo portato di questa
società povera e necessariamente corrotta: la
galera.

La sezione Mercato? Ah già! quella storica,
dove Masaniello ha fatto la rivoluzione, dove
hanno tagliato il capo a Corradino di Svevia:
sì, sì, ne hanno parlato drammaturghi e poeti.
Se ne traversa un lembo, venendo in carrozza,
dalla ferrovia, ma si esce subito alla Marina.
Al diavolo la poesia e il dramma! In sezione
Mercato, niuna strada è pulita; pare che da

anni non ci passi mai lo scopino ; ed è forse
la sudiceria di un giorno.

Ivi è il Lavinaio , la grande fonte dove si
lavano tutti i cenci luridi della vecchia e povera Napoli : il Lavinaio, che è il grande ruscello dove la sporcizia viene a detergersi,
superficialmente, tanto che per insultare bona-
riamente un napoletano sul proprio napoleta-
nismo , gli si dice : — *Sei proprio del Lavinaio*. Nella sezione Mercato, vi sono i *sette*
vicoli della *Duchesca,* in uno dei quali, ho letto
in un dispaccio, vi sono stati in un'ora trenta
casi ; vi è il vicolo del *Cavalcatoio;* vi è il
vicolo di *Sant'Arcangelo a Baiano*. Io sono
donna e non posso dirvi che siano queste strade,
poichè ivi l'abbiezione diventa così profonda,
così miseranda , la natura umana si degrada
talmente , che vengono alla faccia le fiamme
della vergogna.

* *
*

Sventrare Napoli? Credete che basterà? Vi lusingate che basteranno tre o quattro strade attraverso i quartieri popolari, per salvarli? Vedrete, vedrete, quando gli studî, per questa santa opera di redenzione, saranno compiuti, quale verità fulgidissima risulterà: *bisogna rifare.*

Voi non potrete sicuramente lasciare in piedi le case che sono lesionate dalla umidità; dove al pianterreno vi è il fango e all'ultimo piano si brucia nell'estate e si gela nell'inverno; dove le scale sono ricettacoli di sudicerie; nei cui pozzi, da cui si attinge l'acqua così penosamente, vanno a cadere tutti i rifiuti umani e tutti gli animali morti; che hanno tutte un *pot-bouille,* una cosidetta *vinella,* una corticina interna in cui le serve buttano tutto; il cui sistema di latrine, quando ci sono, resiste a qualunque disinfezione.

Voi non potrete lasciare in piedi le case, nelle cui piccole stanze sono agglomerate mai meno di quattro persone, dove vivono galline e piccioni, gatti sfiancati e cani lebbrosi; case in cui si cucina in uno stambugio, si mangia nella stanza da letto e si muore nella medesima stanza dove altri dormono e mangiano; case i cui sottoscala, pure abitati da gente umana, rassomigliano agli antichi, ora aboliti, *criminali* della Vicaria, sotto il livello del suolo.

Voi non potrete sicuramente lasciare in piedi i cavalcavia che congiungono le case; nè quelle ignobili costruzioni di legno che si sospendono a certe muraglie di case, nè quei portoncini angusti, nè quei vicoli ciechi, nè quegli angiporti, nè quei supportici; voi non potrete lasciare in piedi i *fondaci*.

Voi non potrete lasciare in piedi certe case dove al primo piano è un'agenzia di pegni, al secondo si affittano camere a studenti, al terzo si fabbricano fuochi artificiali: certe altre dove al pianterreno vi è un bigliardo, al primo piano un albergo dove si pagano cinque soldi per notte, al secondo una raccolta di poverette, al terzo un deposito di stracci.

Per levare la corruzione materiale e quella morale, per rifare la salute e la coscienza a quella povera gente, per insegnar loro come si vive — essi sanno morire, come avete visto — per dir loro che essi sono fratelli nostri, che noi li amiamo efficacemente, che vogliamo salvarli, non basta sventrare Napoli: bisogna in gran parte rifarla.

II.

QUELLO CHE GUADAGNANO.

Eppure la gente che abita in questi quattro quartieri popolari, senz'aria, senza luce, senza igiene, diguazzando nei ruscelli neri, scavalcando monti d'immondizie, respirando miasmi e bevendo un'acqua corrotta, non è una gente bestiale, selvaggia, oziosa; non è tetra nella fede, non è cupa nel vizio, non è collerica nella sventura. Questo popolo, per sua naturale gentilezza, ama le case bianche e le colline: onde il giorno di Ognissanti, quando da

Napoli tutta la gente buona porta corone ai
morti, sul colle di Poggioreale, in quel cimi-
tero pieno di fiori, di uccelli, di profumi, di
marmi, vi è chi li ha intesi gentilmente esclamare: *o Gesù, vurria murì pe sta ccà!*

Questo popolo ama i colori allegri, esso che
adorna di nappe e nappine i cavalli dei carri,
che s'impiuma di pennacchietti multicolori nei
giorni di festa, che porta i fazzoletti scarlatti
al collo, che mette un pomidoro sopra un sacco
di farina per ottenere un effetto pittorico e
che ha creato un monumento di ottoni scin-
tillanti, di legni dipinti, di limoni fragranti,
di bicchieri e di bottiglie, un monumentino che è
una festa degli occhi: il *banco dell'acquaiuolo*.

Questo popolo che ama la musica e la fa, che
canta così amorosamente e così malinconiosa-
mente, tanto che le sue canzoni dànno uno
struggimento al core e sono la più invincibile
nostalgia per colui che è lontano, ha una sen-
timentalità espansiva, che si diffonde nell' ar-
monia musicale.

Non è dunque una razza di animali che si compiace del suo fango ; non è dunque una razza inferiore che presceglie l' orrido fra il brutto e cerca volonterosa il sudiciume ; non si merita la sorte che le cose gl' impongono ; saprebbe apprezzare la civiltà, visto che quella pochina elargitagli se l' ha subito assimilata ; meriterebbe di esser felice.

Abita laggiù , per forza. È la miseria sua, costituzionale, organica, così intensa, così profonda, che cento Opere Pie non arrivano a debellare, che la carità privata, fluidissima, non arriva a vincere ; non la miseria dell' ozioso, badate bene, ma la miseria del lavoratore, la miseria dell'operaio, la miseria di colui che fatica quattordici ore al giorno.

Questo lavoratore , quest' operaio non può

pagare un affitto di casa che superi le quindici lire il mese: e deve essere un operaio
fortunato. Vi è chi ne paga dieci, chi ne paga
sette, chi ne paga *cinque:* questi ultimi formano la grande massa del popolo. Anni fa,
una compagnia cooperativa edificò, verso Capo-
dimonte, un falansterio di case operaie, chiare,
pulite, strettine, ma infine igieniche: per quanto
restringesse i prezzi, non potette dare i suoi
appartamentini a meno di trentaquattro lire il
mese.

Nessun operaio vi andò.

Vi andarono degli impiegati con le famiglie,
qualche pensionato, gli sposetti poveri, insomma
una mezza borghesia che vuol nascondere la
sua miseria e avere la scaletta di marmo.

Quel grandissimo edificio resta lì, a far
prova della miseria napoletana: anzi, anzi, gli
scrupolosi e presuntuosi borghesi che vi abitano, punti nel loro amor proprio da coloro che
li accusavano di abitare le case operaie, hanno
fatto dipingere a grandi caratteri questa scritta,

sull'ingresso maggiore : *le case della cooperativa non sono case operaie.* Iscrizione crudele
e superba.

Trentaquattro lire ? Queste trentaquattro lire
un operaio napoletano le guadagna in un mese :
chi porta una lira di giornata a casa, si stima
felice.

Le mercedi sono scarsissime, in quasi tutte
le professioni, in tutt' i mestieri. Napoli è il
paese dove meno costa l'opera tipografica ; tutti
lo sanno : i lavoranti tipografi sono pagati due
terzi meno degli altri paesi. Quelli che guadagnano tre lire a Milano, quattro a Roma, ne
guadagnano una a Napoli, tanto che in questo
benedetto e infelice paese , è dove più facil-
mente nascono e vivono certi giornaletti po-
verissimi, che altrove non potrebbero pubblicare
neppure tre numeri. I sarti, i calzolai, i mu-
ratori, i falegnami sono pagati nella medesima
misura : una lira , venticinque soldi , al più
trenta soldi al giorno per dodici ore di lavoro,
talvolta penosissimo. I tagliatori di guanti gua-

dagnano ottanta centesimi al giorno. E notate che la gioventù elegante di Napoli è la meglio vestita d'Italia ; che a Napoli si fanno le più belle scarpe e i più bei mobili economici; notate che Napoli produce i più buoni guanti. Altri mestieri inferiori stabiliscono la mercede a settantacinque centesimi, a dodici soldi, a dieci soldi. Per questo non possono pagare più di cinque, sette, dieci lire il mese di pigione — e come la miseria incombe, la donna, la moglie, la madre, che ha già molto partorito, che ha allattato, tutti quelli che dovrebbero lavorare in casa, cercano lavoro fuori.

Fortunate quelle che trovano un posto alla fabbrica del tabacco, che sanno lavorare e arrivano ad allogarsi, come sarte, come cappellaie, come fioraie! La mercede è miserissima, quindici lire, diciassette, venti lire il mese, ma sembra loro una fortuna. Ma sono poche : tutto il resto della immensa classe povera femminile si dà al servizio.

La serva napoletana si alloga per dieci lire

il mese, senza pranzo : alla mattina fa due o
tre miglia di cammino, dalla casa sua alla casa
dei suoi padroni, scende le scale quaranta volte
al giorno, cava dal pozzo profondo venti secchi
di acqua, compie le fatiche più estenuanti, non
mangia per tutta la giornata e alla sera si trascina a casa sua, come un'ombra affranta. Ve
ne sono di quelle che pigliano due mezzi ser-
vizi, a sei lire l'uno, e corrono continuamente
da una casa all'altra, continuamente rimprove-
rate per le tardanze. Ne ho conosciuta una, io,
si chiamava Annarella, *faceva* tre case al giorno,
a cinque lire : alla sera era inebetita, *non mangiava*, morta dalla fatica, talvolta non si sve-
stiva per addormentarsi subito.

Queste serve trovano anche il tempo di dar
latte a un bimbo, di far la calza ; ma sono es-
seri mostruosi, la pietà è uguale alla ripugnanza
che ispirano. Hanno trent'anni e ne dimostrano
cinquanta, sono curve, hanno perso i capelli, hanno
i denti gialli e neri, camminano come sciancate,
portano un vestito quattro anni, un grembiule

sei mesi. Non si lamentano, non piangono : vanno a morire prima di quarant'anni, all'ospedale, di perniciosa, di polmonite, di qualche orrenda malattia. Quante ne avrà prese il colera !

E tutti gli altri mestieri ambulanti femminili, lavandaie, pettinatrici, stiratrici a giornata, venditrici di *spassatiempo*, rimpagliatrici di seggiole *(mpagliaseggie)*, mestieri che le espongono a tutte le intemperie, a tutti gli accidenti, a una quantità di malattie, mestieri pesanti o nauseanti, non fanno guadagnare a quelle disgraziate più di dieci soldi, quindici soldi al giorno. Quando guadagnano una lira, le miserelle, fanno economia e si maritano.

Sono brutte, è vero : si trascurano, è verissimo : fanno schifo, talvolta. Ma chi tanto ama la plastica, dovrebbe entrare nel segreto di quelle esistenze, che sono un poema di martirio quotidiano, di sacrifici incalcolabili, di fatiche sopportate senza mormorare. Gioventù, bellezza, vestiti? Ebbero un minuto di bellezza e di gioventù, furono amate, si sono maritate: dopo, il marito e la miseria, il lavoro e le busse, il travaglio e la fame. Hanno i bimbi e debbono abbandonarli, il più piccolo affidato alla sorellina, e come tutte le altre madri temono le carrozze, il fuoco, i cani, le cadute. Sono sempre inquiete, agitate, mentre servono.

Me ne rammento una: aveva tre figli, un piccolino, specialmente, bellissimo. Aveva già due anni e gli dava ancora il latte, non aveva altro da dargli da mangiare ; questo bimbetto l'aspettava, ogni sera, seduto sullo scalino del *basso*. Diceva il medico dell'assistenza pubblica: « levagli il latte chè ti si ammala. » Ella chinava il capo : non poteva levargli il latte. Si ammalò di tifo, il bimbo; le morì. Ella mondava le patate, in una cucina, e si lamentava sottovoce : « *figlio mio, figlio mio, io t'aveva da accide, io t'aveva da fa murì! O che mamma cana che ssò stata! Figlio mio, e chi m'aspetta cchiú, la sera, mmocc' a porta?* »

Il lavoro dei fanciulli? Ahimè, le madri sono molto contente, quando un cocchiere signorile vuol prendere per mozzo un fanciullo di dodici anni, dandogli solo da mangiare; sono molto contente, quando un *mastro* di bottega lo piglia, facendolo lavorare come un cane e dandogli solo la minestra, la sera; la pietosa madre gli dà un soldo per la colazione, la mattina.

Le sarte, le modiste, le fioraie, le bustaie prendono per apprendiste delle fanciullette dodicenni, che sono, in realtà, delle piccole serve e che guadagnano cinque soldi la settimana! Ma, per lo più, queste creature restano a casa o nella strada, tutto il giorno.

Nelle campagne, il figlio è una gioia, è un soccorso, è una sorgente di agiatezza; in Napoli, rappresenta una cura di più, una pena materna, una sorgente di lagrime e di fame.

Sentite un poco quando un'operaia napolitana nomina i suoi figli. Dice: *le creature,* e lo dice con tanta dolcezza malinconica, con tanta materna pietà, con un amore così doloroso, che vi par di conoscere tutta, acutamente, la intensità della miseria napoletana.

III.

QUELLO CHE MANGIANO.

Un giorno, un industriale Napoletano ebbe un'idea. Sapendo che la *pizza* è una delle adorazioni culinarie napoletane, sapendo che la colonia napoletana in Roma è larghissima, pensò di aprire una *pizzeria* in Roma. Il rame delle casseruole e dei *ruoti* vi luccicava; il forno vi ardeva sempre; tutte le *pizze* vi si trovavano: *pizza* al pomidoro, *pizza* con *muzzarella* e formaggio, *pizza* con alici e olio, *pizza* con olio, origano e aglio. Sulle prime la folla vi accorse : poi, andò scemando. La *pizza*, tolta al suo ambiente napoletano, pareva una stonatura e rappresentava una indigestione ; il suo astro impallidì e tramontò, in Roma ; pianta esotica, morì in questa solennità romana.

*
* *

- È vero, infatti : la *pizza* rientra nella larga categoria dei commestibili che costano un soldo, e di cui è formata la colazione o il pranzo di moltissima parte del popolo napoletano.

Il *pizzaiuolo* che ha bottega, nella notte, fa un gran numero di queste schiacciate rotonde, di una pasta densa, che si brucia, ma non si cuoce, cariche di pomidoro quasi crudo, di aglio, di pepe, di origano : queste *pizze,* tagliate in tanti settori da un soldo, sono affidate a un garzone che le va a vendere in qualche angolo di strada, sovra un banchetto ambulante : e lì resta quasi tutto il giorno, con questi settori di *pizza* che si gelano al freddo, che s'ingialliscono al sole, mangiati dalle mosche. Vi sono anche delle fette di due centesimi, pei bimbi che vanno a scuola; quando la provvigione è finita, il *pizzaiuolo* la rifornisce sino a notte.

Vi sono anche, per la notte, dei garzoni che portano sulla testa un grande scudo convesso di stagno entro cui stanno queste fette di *pizza,* e girano pei vicoli e dànno in un grido speciale, dicendo che la *pizza* ce l'hanno col pomidoro e con l'aglio, con la *muzzarella* e con le alici salate. Le povere donne , sedute sullo scalino del *basso,* ne comprano e cenano, cioè pranzano, con questo soldo di *pizza.*

Con un soldo, la scelta è abbastanza varia, pel popolo napoletano. Dal friggitore si ha un cartoccetto di pesciolini minutissimi, fritti nell'olio, quei pesciolini che si chiamano *fragaglia* e che sono il fondo del paniere dei pescivendoli; dallo stesso friggitore si hanno, per un soldo, quattro o cinque *panzarotti,* vale a dire delle

frittelline in cui vi è un pezzetto di carciofo,
quando niuno vuol più saperne, o un torsolino
di cavolo, o un frammentino di alici. Per un
soldo, una vecchia dà nove castagne allesse, de-
nudate della prima buccia e nuotanti in un succo
rossastro: in questo *brodo* il popolo napoletano
ci bagna il pane e mangia le castagne, come
seconda pietanza; per un soldo, un'altra vecchia, che si trascina dietro un calderottino in
un carroccio, dà due spighe di granturco cotte
nell'acqua; per un soldo, una povera donna che
allatta suo figlio e soffia sopra un braciere di
terracotta, dà due spighe di granturco arrostite.
Dall'oste, per un soldo si può comperare una
porzione di *scapece;* la *scapece* è fatta di zuc-
chette o di molignane fritte nell'olio e poi con-
dite con pepe, origano, formaggio, pomidoro, ed
è esposta in istrada, in un grande vaso profondo in cui sta intasata, come una conserva
e da cui si toglie con un cucchiaio. Il popolo
napoletano porta il suo tozzo di pane, lo divide
per metà, e l'oste ci versa sopra la *scapece.*

Dall'oste, sempre per un soldo, si compra la *spi-ritosa;* la *spiritosa* è fatta di pastinache gialle cotte nell'acqua e poi messe in una salsa forte di aceto, pepe, origano, aglio e peperoni. L'oste sta sulla porta e grida: *addorosa, addorosa, a' spiritosa!* Come è naturale, tutta questa roba fritta è cotta in un olio forte e nero, tutta questa roba è condita in modo piccantissimo, tanto da soddisfare il più eccitato palato meridionale.

Appena ha due soldi, il popolo napoletano compra un piatto di maccheroni cotti e conditi; tutte le strade dei quattro quartieri popolari hanno uno di quelli osti che installano all'aria aperta le loro caldaie, dove i maccheroni bollono sempre, i tegami dove bolle il sugo di pomidoro, le montagne di cacio grattato, un cacio piccante che viene da Cotrone.

Anzi tutto, quest'apparato è molto pittoresco, e dei pittori lo hanno dipinto, ed è stato da essi reso lindo e quasi elegante, con l'oste che sembra un pastorello di Watteau; e nella collezione di fotografie napoletane, che gl'inglesi comprano, accanto alla *monaca di casa*, al *ladruncolo di fazzoletti*, alla *famiglia di pidocchiosi*, vi è anche il *bacco del maccaronaro*. Questi maccheroni si vendono a piattelli di due soldi e di tre soldi; e il popolo napoletano li chiama brevemente, dal loro prezzo: *nu doie, nu tre*. La porzione è piccola e il compratore litiga con l'oste, perchè vuole un po' più di sugo, un po' più di formaggio e un po' più di maccheroni.

Con due soldi si compra un pezzo di polipo bollito nell'acqua di mare, condito con peperone fortissimo: questo commercio lo fanno le donne, nella strada, con un focolaretto e una piccola pignatta; con due soldi di *maruzze*, si hanno le lumache, il brodo e anche un biscotto intriso nel brodo; per due soldi l'oste, da una grande padella dove friggono confusamente ritagli di grasso di maiale e pezzi di coratella, cipolline e frammenti di seppia, cava una grossa cucchiaiata di questa miscela e la depone sul pane del compratore, badando bene a che l'unto caldo e bruno non coli per terra, che vada tutto sulla mollica, perchè il compratore ci tiene. Appena ha tre soldi, quattro soldi, otto soldi al giorno per pranzare, il buon popolo napoletano, che è corroso dalla nostalgia familiare, non va più dall'oste per comprare i commestibili cotti, pranza a casa sua, per terra, sulla soglia del basso, o sopra una sedia sfiancata.

Con quattro soldi si fa una grande insalata di pomidori crudi verdastri e di cipolle; o una insalata di patate cotte e di barbabietole; o una insalata di broccoli di rape o una insalata di citrioli freschi. La gente agiata, quella che può disporre di otto soldi al giorno, mangia dei grandi piatti di minestra verde, indivia, foglie di cavolo, cicoria o tutte quest'erbe insieme, la cosidetta *mmenesta maretata;* o una minestra, quando ne è tempo, di zucca gialla con molto pepe; o una minestra di fagiolini verdi, conditi col pomidoro; o una minestra di patate cotte nel pomidoro.

Ma per lo più compra un *rotolo* di maccheroni, una pasta nerastra, di tutte le misure e di tutte le grossezze, che è il raccogliticcio, il fondiccio confuso di tutti i cartoni di pasta e che si chiama efficacemente la *monnezzaglia*: e la condisce con pomidoro e formaggio.

*
* *

Il popolo napoletano è goloso di frutta: ma non spende mai più di un soldo alla volta. A Napoli, con un soldo, si hanno sei peruzze, un po' bacate, ma non importa; si ha mezzo chilo di fichi, un po' flosci dal sole; si hanno dieci o dodici di quelle piccole prugne gialle, che pare abbiano l'aspetto della febbre; si ha un grappolo di uva nera, si ha un poponcino giallo, piccolo, ammaccato, un po' fradicio; dal venditore di melloni, quelli rossi, si hanno due fette, di quelli che son riusciti male, vale a dire biancastri.

Ha anche qualche altra golosità, il popolo napoletano: lo *spassatiempo*, vale a dire i semi di mellone e di popone, le fave e i ceci cotti nel forno; con un soldo si rosicchia mezza giornata, la lingua punge e lo stomaco si gonfia, come se avesse mangiato.

La massima golosità è il *soffritto:* dei ritagli di carne di maiale cotti con olio, pomidoro, peperone rosso, condensati, che formano una catasta rossa, bellissima all'occhio, da cui si tagliano delle fette: costano cinque soldi. In bocca, sembra dinamite.

*
* *

Questionario:

Carne arrosto? — Il popolo napoletano non ne mangia mai.

Carne in umido? — Qualche volta, alla domenica o nelle grandi feste – ma è di maiale o di agnello.

Brodo di carne? — Il popolo napoletano lo ignora.

Vino? — Alla domenica, qualche volta: bianco, l'*asprino*, a quattro soldi il litro, o il *maraniello* a cinque soldi; questo tinge di azzurro la tovaglia.

Acqua? — Sempre: e cattiva.

IV.

GLI ALTARINI.

Vi meravigliate degli altarini? Vi scandaliz-
zate della piccola processione di donne scalze
e scapigliate, che portano una immagine della
Madonna e salmodiano? La superstizione del
popolo napoletano — oh povera gente che è
vissuta così male e con tanta bonarietà, che
muore in un modo così miserando, con tanta
rassegnazione! — la superstizione di questo
popolo ha fatto una dolorosa impressione a
tutti. La credevate cessata la superstizione?

Come potevate crederlo? Non vi rammentate
più nulla, dunque? Nel cholera del 1865 vi
furono processioni di pubbliche preghiere; nel
cholera del 1867, più tremendo, più straziante,
che veniva dopo la guerra, da tutte le par-
rocchie uscirono le immagini della Vergine e
quelle dei santi protettori, le processioni s'in-
contravano per le strade, si mescolavano: era
tutto un mistero medioevale e meridionale. Come
oggi Umberto di Savoia le ha incontrate, diciassette anni fa le ha incontrate il gran re
Vittorio Emanuele. Nella spaventosa eruzione
del 1872, per tre giorni di seguito una lava
ha minacciato Napoli. le popolane sono an-
date al Duomo per avere la testa di san Gennaro, la volevano portare in giro per far fer-
mare la lava. Per un momento, i nobili custodi
delle reliquie e i canonici della cattedrale non
gliela dettero. Al quarto giorno non uscì il
sole; una nuvola fittissima di cenere copriva
Napoli, cominciava a piover cenere, come a
Pompei; le popolane, in tutti i quartieri, fe-

cero delle processioni, piangendo, gridando, in un tenebrore lugubre. Nel cholera 1873, più mite certo, ma sempre vivissimo nei quattro quartieri popolari, fu portata in processione la Madonna dell'Aiuto ai Banchi Nuovi, la Madonna di Portosalvo a Porto, il Gesù alla colonna, della chiesa nel vicolo della Università. O che memoria labile abbiamo tutti!

E la vita quotidiana? Solo a guardarsi attorno, a osservare quello che accade, anche superficialmente, nessuno poteva lusingarsi che la superstizione del popolo napoletano fosse cessata. Di questi altarini, con un paio di ceri innanzi, ce ne sono a ogni angolo di strada, nei quartieri popolari, in certe tali feste. Li fanno i bimbi, è vero: ma le madri sorvegliano, le sorelle grandi chiedono l'obolo ai passanti, un po' ridendo, un po' pregando. Per le feste più grandi, con lampioncini alla Ottino e festoni variopinti, i popolani si quotano per un anno, e un vicolo la vuol vincere sull'altro: accadono risse, corrono coltellate per questa emulazione. Queste illuminazioni sono pittoresche e fanno andare in estasi gli artisti — razza di egoisti che se ne stanno immersi nella contemplazione del loro Buddha, che è l'arte. Ancora: quando una donna si salva da una grave infermità, per ringraziare Dio, scioglie il voto di andar cercando la elemosina per tutte le case del suo quartiere; sale, scende, con le gambe malferme, con la faccia scialba, ricevendo rifiuti secchi e porte sbattute in faccia. Non importa, bisogna sopportare, è il voto. Tutto quello che raccoglie, va alla chiesa. Quando un bimbo è malato, lo votano a san Francesco: quando risana, lo vestono da monacello, con una tonaca grossolana, col cordone, coi piedini nudi nei sandali, con la chierichetta rasa. Chi non ne ha incontrati nei quartieri popolari?

Del miracolo di san Gennaro, fate le alte meraviglie? Quelle vecchie abitanti del Molo che si pretendono sue discendenti, che invadono l'altar maggiore, che non lasciano accostarsi nessuno, che gridano il *Credo* mentre si attende il miracolo, e ogni volta che lo ricominciano, alzano il tono, sino all'urlo, che si dimenano come ossesse, che lo gratificano di *vecchio dispettoso, vecchio impertinente, faccia verde*, quelle sono la superstizione evidente, nevvero? Ma il buon popolo napoletano, così ingenuo, così infantile, crede a tanti altri miracoli! Vi è il piede di sant'Anna che si mette sul ventre delle partorienti che non possono avere il figlio; vi è l'olio che arde nella lampada, innanzi al corpo di san Giacomo della Marca, nella chiesa di Santa Maria la Nuova, e che fa passare i dolori di testa; vi è il Crocifisso del Carmine che ha fatto sangue dalle piaghe; vi è il bastone di san Pietro che si venera nella chiesa sotterranea di Sant'Aspreno, primo vescovo di Napoli, ai Mercanti; vi è l'acqua benedetta di san Biagio ai Librai che guarisce il mal di gola; vi sono le *panelle*, pagnottine di pane benedetto, di san Nicola di Bari, che buttate in aria, nel temporale, scampano dalle folgori. Vi sono centinaia di ossicini, di pezzetti di velo, di pezzetti di vestito, di frammenti di legno, che sono reliquie. Ogni napoletana porta al collo o sospeso alla cintura o ha sotto il cuscino, un sacchettino di reliquie, di preghiere stampate : e questo sacchettino si attacca alle fasce del bimbo, appena nato.

Credete che al napoletano basti la Madonna del Carmine? Io ho contati duecentocinquanta appellativi della Vergine : e non sono tutti. Quattro o cinque tengono il primato. Quando una napoletana è ammalata o corre un gravo pericolo, o grave pericolo corre uno dei suoi, si vota a una di queste madonne. Dopo scioglie il voto, portandone il vestito, un abito nuovo, benedetto in chiesa, che non si deve smettere se non quando è logoro. Per l'Addolorata il vestito è nero coi nastri bianchi; per la Madonna del Carmine, è color pulce coi nastri bianchi; per la Immacolata Concezione, bianco coi nastri azzurri; per la Madonna della Sa-

lette, bianco coi nastri rosa. Quando non hanno
i danari per farsi il vestito, si fanno il grembiule: quando mancano di sciogliere il voto,
aspettano delle sventure in casa.

E il sacro si mescola col profano. Per aver
marito, bisogna fare la novena a san Gio-
vanni, nove sere, a mezzanotte, fuori un balcone, a pregare con certe antifone speciali. Se
si ha questo coraggio, alla nona sera si vede
una trave di fuoco attraversare il cielo, sopra
ci danza Salomè, la ballerina maledetta: la
voce che si sente subito dopo, pronunzia il
nome del marito. Anche san Pasquale è pro-
tettore delle ragazze da marito e bisogna dirgli
per nove sere l'antifona: O beato san Pasquale
– mandatemi un marito – bello, rosso, colorito
– come voi tale e quale – o beato san Pasquale!
– Anche san Pantaleone protegge le ragazze,
ma in diverso modo: dà loro i numeri al lotto,
perchè si facciano la dote e si possano mari-
tare. Nove sere bisogna pregarlo, a mezzanotte,
in una stanza, stando sola, col balcone aperto

e la porta aperta, e dopo gli *Ave* e i *Pater* dirgli questa antifona : San Pantaleone mio – per la vostra castità – per la mia verginità – datemi i numeri, per carità ! – Alla nona sera si ode un passo, è il santo che viene, si odono dei colpi, sono i numeri che dà. Alla quarta o quinta sera di questi strani riti, le ragazze sono tanto esaltate che hanno delle allucinazioni e cadono in convulsioni. Alcune affermano di aver visto e di aver udito, alla nona sera : ma che mancò loro la fede e il miracolo non è riuscito.

Tutte le superstizioni profane , sparse pel mondo , sono raccolte in Napoli e ingrandite , moltiplicate. Noi crediamo tutti quanti alla *jettatura*. Non parliamo dell' olio sparso , dello specchio rotto, del cucchiaio in croce col coltello, della sottana posta alla rovescia che porta fortuna , dei soldi *mercati* (gobbi), dei ragni , degli scorpioni, della gallina: superstizioni vecchie , chi se ne occupa? I napolitani credono ancora alle sibille: vi è una *Chiara Stella* ,

alle Cento Grade, verso il Corso Vittorio Emanuele, una *siè Grazia* al vicolo di Mezzocannone, famosissime: e molte altre minori. Si
pagano cinquanta centesimi, due lire, venti lire.
I napoletani credono agli *spiriti*. Lo *spirito*
familiare napoletano, che circola in tutte le case,
è il *monaciello*, un bimbetto vestito di bianco
quando porta fortuna, vestito di rosso quando
porta sventura. Una quantità di gente mi ha
affermato di averlo visto. In piena Napoli, alla
salita di Santa Teresa, una bellissima palaz-
zina non si affitta mai: per vent'anni l'ho vista chiusa, poichè è abitata dagli *spiriti*. Il
napoletano crede agli *spiriti* che danno i numeri agli *assistiti*: gli *assistiti* sono una
razza di gente stranissima, forse in buona fede
forse scrocconi, che mangiano poco, bevono acqua, parlano per enigmi, digiunano prima di
andare a letto e hanno le visioni. Vivono alle
spalle dei giuocatori: non giuocano. Talvolta
i giuocatori delusi bastonano l'*assistito*, poi
gli cercano perdono. Anche i monaci hanno le

.visioni. Ce n'era uno famoso a Marano, presso Napoli: ci andava la gente in pellegrinaggio. Un altro, giovane, era al convento di San Martino: anche famoso. Talvolta i giuocatori sequestrano il monaco, lo battono, lo torturano. Uno ne morì. Prima di spirare pronunziò dei numeri: li giuocarono, uscirono, mezza Napoli vinse al lotto, poichè il *Roma* aveva riportati questi numeri.

Il popolo napoletano, specialmente le donne, crede alla stregoneria. La *fattura* trova apostoli ferventi: le *fattucchiare*, o streghe, abbondano. Una moglie vuole che suo marito, che va lontano, le resti fedele? La strega vi dà una cordicella a nodi, bisogna cucirla nella fodera della giacchetta. Si vuole avere l'amore di un uomo? La *fattucchiara* vi arde una ciocca di capelli, ne fa una polverina, con certi ingredienti: bisogna farla bere nel vino all'uomo indifferente. Si vuol vincere un processo? Bisogna legare, moralmente, la lingua dell'avvocato contrario: fare quindici nodi ad una cordicella, chiamare il diavolo, uno scongiuro terribile. Si vuol far morire un amante infedele? Bisogna fare un pignattino di erbe velenose, metterle a bollire innanzi alla sua porta, nell'ora di mezzanotte. Si vuol far morire una donna, una rivale? Bisogna conficcare in un limone fresco tanti spilli che formino un disegnino della sua persona, e attaccarvi un brano di vestito della rivale e infine buttare questo limone nel suo pozzo. La *fattura* ha uno sviluppo larghissimo; tutta una letteratura strana, talvolta ignobile, di scongiuri e di preghiere; ha una classificazione, per le anime timide e per le anime audaci; ha una diffusione in tutti i quartieri; ha un soccorso per tutte le necessità sentimentali e brutali, per tutti i desideri gentili e cruenti.

Ecco tutto. Cioè, non è tutto. Esagerate venti volte quello che vi ho detto: forse non sarete nel vero. Questo guazzabuglio di fede e di errore, di misticismo e di sensualità, questo culto esterno così pagano, questa idolatria, vi

spaventano? Vi dolete di queste cose, degne
dei selvaggi? E chi ha fatto nulla per la coscienza del popolo napoletano? Quali ammae-
stramenti, quali parole, quali esempi si è pen-
sato di dare a questa gente così espansiva,
così facile a conquidere, così naturalmente en-
tusiasta? In verità, dalla miseria profonda della
sua vita reale, essa non ha avuto altro con-
forto che nelle illusioni della propria fantasia:
o altro rifugio che in Dio.

V.

IL LOTTO.

Ebbene, a questo popolo eccezionalmente meridionale, nel cui sangue s'incrociano e si fondono tante gentili, poetiche, ardenti eredità etrusche, arabe, saracene, normanne, spagnuole, per cui questo ricco sangue napoletano si arroventa nell'odio, brucia nell'amore e si consuma nel sogno: a questa gente in cui l'immaginazione è la potenza dell'anima più alta, più alacre, inesauribile, una grande fantasticheria deve essere concessa.

È gente umile, bonaria, che sarebbe felice per poco e invece non ha nulla per essere felice; che sopporta con dolcezza, con pazienza la miseria, la fame quotidiana, l'indifferenza di coloro che dovrebbero amarla, l'abbandono di coloro che dovrebbero sollevarla.

Felice per l'esistenza all'aria aperta, eredità orientale, non ha aria; innamorata del sole, non ha sole; appassionata di colori gai, vive nella tetraggine; per la memoria della bella civiltà anteriore, greca, essa ama i bianchi portici che si disegnano sull'azzurro, e invece le tane dove abita questa gente non sembrano fatte per gli umani; e dei frutti della terra, essa ha i peggiori, quelli che in campagna si dànno ai porci; e vi sono vivande che non assaggia mai.

Ebbene, provvidenzialmente, per un lato, il popolo napoletano rifà ogni settimana il suo grande sogno di felicità, vive per sei giorni in una speranza crescente, invadente, che si allarga, si allarga, esce dai confini della vita

reale: per sei giorni il popolo napoletano so-
gna il suo grande sogno, dove sono tutte le
cose di cui è privato, una casa pulita, del-
l'aria salubre e fresca, un bel raggio di sole
caldo per terra, un letto bianco e alto, un *comò*
lucido, i maccheroni e la carne ogni giorno,
e il litro di vino e la culla pel bimbo e la
biancheria per la moglie e il cappello nuovo
per il marito.

Tutte queste cose che la vita reale non gli
può dare, che non gli darà mai, esso le ha,
nella sua immaginazione, dalla domenica al sabato seguente; e ne parla e ne è sicuro, e i
progetti si sviluppano, diventano quasi quasi
una realtà, e per essi marito e moglie litigano
o si abbracciano.

Alle quattro del pomeriggio, nel sabato, la
delusione è profonda, la desolazione non ha li-
miti: ma alla domenica mattina la fantasia
rimbalza, rinfrancata, il sogno settimanale ri-
comincia. Il lotto, il lotto è il largo sogno che
consola la fantasia napoletana; è l'idea fissa

di quei cervelli infuocati; è la grande visione felice che appaga la gente oppressa; è la vasta allucinazione che si prende le anime.

*
* *

Ed è contagiosa questa malattia dello spirito: un contagio sottile e infallibile, inevitabile, la cui forza di diffusione non si può calcolare. Dal portinaio ciabattino che sta seduto al suo banchetto innanzi al portoncino, il contagio del lotto si comunica alla povera cucitrice che viene a portargli le scarpe vecchie da risuolare; da costei passa al suo innamorato, un garzone di cantina; costui lo porta all'oste che lo dà a tutti i suoi avventori, i quali lo seminano nelle case, nelle officine, nelle altre osterie, fino nelle chiese, anzi specialmente nelle chiese.

La serva del quinto piano, a destra, giuoca,

sperando di non far più la serva; ma tutte le serve, di tutti i piani, giuocano, tanto la cameriera del primo che ha venti franchi il mese, quanto la *vajassa* del sesto, che ne prende cinque, con la dolce speranza di uscir dal servizio, così duro; e si comunicano i loro numeri, fanno combriccola sui pianerottoli, se li dicono dalle finestre, se li telegrafano a segni. La venditrice di frutta, che sta sotto il sole e sotto la pioggia, giuoca, e dal suo angolo di strada in giù, la moglie del sarto che cuce sulla porta, la moglie dello stagnino affogata dal fetore del piombo, la lavandaia che sta tutto il giorno con le mani nella saponata, la venditrice di castagne che si brucia la faccia e le mani al vapore e al calore del fornello, la venditrice di noci che ha le mani nere sino ai polsi per l'acido gallico, tutte queste donne credono nel lotto, giuocano fedelmente, ardentemente al lotto.

Nella stanza stretta, dove otto o dieci ragazze lavorano da sarte, e il bimbo della sarta

dorme nella culla e in un angolo frigge il lardo
nel tegame sul focolare, una dà i numeri, una
seconda ne ha degli altri, la *maesta* sa i veri,
tutte costoro giuocano.

Le pettinatrici del popolo, le cosidette *ca-
pere,* dal grembiule arrotolato attorno alla cintura, dalla testa scapigliata, dalle mani unte,
che pettinano per un soldo al giorno, portano
in giro i numeri alle loro clienti, ne ricevono
in cambio degli altri, sono il gran portavoce
dei numeri. In tutte le officine dove gli operai
napoletani sono riuniti a un lavoro lunghissimo
così male retribuito, il lotto mette radici pro-
fonde; in tutte le scuole popolari giuocano le
maestre e giuocano le alunne grandicelle, in
comitiva, riunendo i soldi della colazione. Dove
sono riunite, a vivere male, le disgraziate donne
di cui Napoli ha così grande copia, il lotto è
una delle più grandi speranze: speranza di redenzione.

* *

Ma non credete che il male rimanga nelle classi popolari. No, no, esso ascende, assale le classi medie, s'intromette in tutte le borghesie, in tutti i commerci, arriva sino all'aristocrazia. Dove ci è un vero bisogno tenuto segreto, dove ci è uno spostamento che nulla vale a riequilibrare, dove ci è una rovina finanziaria celata ma imminente, dove ci è un desiderio che ha tutte le condizioni dell'impossibilità, dove la durezza della vita più si fa sentire e dove solo il danaro può esser rimedio, ivi il giuoco del lotto prende possesso, domina.

Segretamente, giuocano tutte le ragazze da marito che non hanno un soldo di dote; giuocano tutti i numerosi impiegati al municipio, alle banche, all'intendenza, al dazio consumo; tutti i pensionati che non possono vivere con

la pensione e che non avendo nulla da fare,
fanno la *cabala*, studiano la scienza negro-
mantica del lotto, giuocano disperatamente e
hanno sempre il libretto in pegno; tutti i com-
messi di negozio, che guadagnano quaranta lire
il mese, sanno i numeri *certi* e li giuocano
ogni settimana. Grande reddito al lotto lo danno
i magistrati: pagati miserevolmente, essi che
rappresentano la più grande equità morale,
esposti a tentazioni che respingono con una
inflessibilità degna di maggior premio, provvisti
di molti figli, rovinati dai traslocamenti, la
loro debolezza, la loro speranza consiste nel
lotto.

I piccoli commercianti che si dibattono continuamente con le cambiali e fanno una lotta
quotidiana col fallimento, finiscono per aggrap-
parsi a questa tavola molto incerta del lotto;
i grandi giuocatori di borsa, che vivono sopra
il taglio di un rasoio e son capaci di ballarci
sopra un *waltzer,* a furia di febbre del giuoco,
assaggiano volentieri la speranza del lotto. Tutti

questi sintomi del male saliente alle classi dirigenti mi constano, per aver visto, udito, compreso e intuìto.

Le signore dell'aristocrazia giuocano, un po' per burletta, un po' con la speranza di un nuovo braccialetto, un po' per l'oppressione di una nota di sarta che il marito non salderà mai. Anche quelli che dovrebbero esserne salvi, perchè abituati al male, perchè ci stanno sempre in mezzo, gli impiegati dei banchi-lotto, i *postini*, non possono resistere alla tentazione. Onde, alle quattro del sabato, tutti quelli che sono più ammalati, non possono resistere e si recano all'Impresa, in una stretta strada fra la via Pignatelli e la via di Santa Chiara.

Ma tutte le serve, le venditrici, le operaie e gli operai, le ragazze e gl'impiegati non possono muoversi di dove sono. E allora un monello parte, va al più vicino *posto* del lotto e prende i numeri: tutti aspettano. Le persone più franche si fanno sulla porta e alle finestre:

le vergognose restano dentro, tendendo l'orecchio. Il ragazzo torna correndo, affannato, si pianta alla bocca del vicolo e grida i numeri con voce stentorea:

— *Vintiquattro!*

— *Sissantanove!*

— *Quarantaroie!*

— *Otto!*

— *Sittantacinche!*

Silenzio universale: tutti impallidiscono.

* *
*

Ma come tutti i sogni troppo pronunziati, il lotto conduce alla inazione ed all'ozio; come tutte le visioni, esso porta alla falsità e alla menzogna; come tutte le allucinazioni, esso conduce alla crudeltà e alla ferocia; come tutti i rimedi fittizi che nascono

dalla miseria, esso produce miseria, degrada-
zione, delitto.

Il popolo napoletano, che è sobrio, non si
corrompe per l'acquavite, non muore di *deli-
rium tremens;* esso si corrompe e muore pel
lotto. Il lotto è l'acquavite di Napoli.

VI.

ANCORA IL LOTTO.

Il lotto ha una prima forma letteraria, ru-
dimentale, analfabeta, fondata sulla tradizione
orale come certe fiabe e certe leggende. Tutti
i napoletani che non sanno leggere, vecchi, bimbi,
donne, specialmente le donne, conoscono la *smorfia* ossia la *Chiave dei sogni* a memoria e ne fanno
speditamente l'applicazione a qualunque sogno
o a qualunque cosa della vita reale. Avete so-
gnato un morto? – quarantasette – ma parlava –
allora quarantotto – e piangeva – sessantacin-

que – il che vi ha fatto paura – novanta. Un giovinotto ha una coltellata da una donna? – diciassette, la disgrazia – diciotto, il sangue – quarantuno, il coltello – novanta, il popolo. Cade una casseruola dal suo chiodo, ammala un bimbo, fugge un cavallo, compare un grosso sorcio: numeri, subito.

Tutti gli avvenimenti, grandi e piccoli, sono considerati come una misteriosa sorgente di guadagno. Muore una fanciulletta di tifo; la madre giuoca i numeri, escono, ella esclama: *m' ha fatte bbene pure murenne!* Una moglie parla dell'amore che le portava suo marito che è morto; poi soggiunge malinconicamente, che se questo amore fosse stato grande, egli le sarebbe comparso in sogno, per darle i numeri; e se n'è scordato, è un ingrato, poichè lui lo sa che essa è poveretta e dovrebbe aiutarla.

Salvatore Daniele squarta la Gazzarra: biglietto; il popolo dice: *chella è mmorta, mo, almeno ce refrescasse a nnuie che simmo vive.* Salvatore Misdea ammazza sette soldati:

biglietto. La legge ammazza Misdea: biglietto. Su le porte, nei *bassi*, alle cantonate, i numeri sono discussi da comitati e sottocomitati; il biglietto è stabilito. Non esce: avevano sbagliato, dovevano mettere questo numero e quest'altro, che sono usciti.

Questa scienza della *smorfia* è così profonda, così abituale, che per dare del pazzo a qualcuno si dice: *è nu vintiroie* (ventidue, matto), e crescendo man mano la collera, tutte le ingiurie avendo un numero relativo, si dicono in gergo del lotto. Una donna dà un pugno a un'altra, e le rompe la faccia; davanti al giudice, si scolpa, dicendo: *m' ha chiammata sittantotto;* il giudice deve prendere la *smorfia* e vedere a che corrisponde di oltraggioso quel numero.

*
* *

La cabala esiste più per le classi superiori
che per le inferiori: ma essa vi discende. Certo,
nel popolo non si comprano i numerosi giornali
cabalistici, settimanali, dagli strani titoli: *il
vero amico, il tesoro, il fulmine, il rivela-
tore, il corno d'abbondanza*, che costano dieci
lire all'anno di abbonamento, compilati da una
redazione ignota; nè il popolo corrisponde con
quei professori di matematica che abitano al vico
Nocelle, dodici, o a San Liborio, quarantaquat-
tro, o vico Zuroli, tre, e che dànno, nelle quarte
pagine, la fortuna a chi paga le dieci lire. Ma
qualche cosa vi trapela: il tal signore sa i numeri, lo aspettano nella strada, gli mettono in
mano un paio di lire e quello si contenta: è
un piccolo affare.

L'*assistito* (dagli spiriti) è un cancro che

rode le famiglie borghesi, un convulsionario pallido che mangia molto, che finge di avere o ha delle allucinazioni, che non lavora, che parla per enigmi, che fa credere a delle macerazioni crudeli e che vive alle spalle di coloro che lo venerano. Ma, dalla casa borghese, per mezzo della cameriera, del servo, della lavandaia, la reputazione dell'*assistito* arriva nel popolo: e l'*assistito* vi estende la sua azione mistica, fantastica, vi raccoglie dei guadagni piccoli, ma insperati, vi fa degli adepti e finisce per camminare nelle vie, circondato sempre da quattro o cinque persone che lo corteggiano e studiano tutte le sue parole.

Ma il grande aiutatore del popolo, la provvidenza del popolo, la sua fede, la sua credenza incrollabile, è il monaco. *Il monaco sa i nu-*

meri : questo è il domma. Se non li dice, è perchè il Signore gli ha proibito di aiutare i pec-
catori; se li dice, e non escono, è perchè nel
giuocatore è mancata la vera fede; se li dice
e vengon fuori, la novella si spande in un minuto, il povero monaco resta afflitto da una po-
polarità pericolosa. È come l'artista che ha fatto
un 'capolavoro: guai se non continua a farne,
egli è perduto. Il monaco che ha solamente fatto
prender un ambo, ha speranza di viver quieto:
ma colui che ha dato tre numeri e sono usciti
tutti tre, stia in guardia. Cercheranno di se-
durlo in tutti i modi, coi doni, coi regali di
denaro, con le offerte, con le messe, con le
elemosine; lo faranno pregare dai bimbi, dalle
donne, dalle nonne vecchie; l'aspetteranno in
istrada, alla porta della chiesa, presso il con-
fessionale, alla porta del convento; andranno
a raccomandarsi a sua madre, a suo fratello, a
sua zia; lo assedieranno mattina e sera; lo ba-
stoneranno; lo sequestreranno, torturandolo; lo
lascieranno morire di fame, perchè almeno in

agonia dia i numeri. Sono cose accadute. Spesso, per salvarsi, un monaco si fa mandare da un paese all'altro, dal suo superiore; scompare, il popolo dice che se lo ha portato via la Madonna.

*
* *

Il popolo napoletano giuoca per quanto più ha denaro. Per quanto sia povero, trova sempre sei soldi, mezza lira, al sabato, da giuocare; ricorre a tutti gli espedienti, inventa, cerca, finisce per trovare. La sua massima miseria non consiste nel dire, che non ha pranzato, consiste nel dire: *Nun m' aggio potuto jucà manco nu viglietto;* chi ascolta ne resta spaventato. Fra il venerdì sera e il sabato mattina, è tutto un agitarsi di gente che vuol giuocare e che non ha; gli operai si fanno anticipare una giornata, le serve rubano orrendamente sulla spesa, i mendicanti nelle vie crescono smisuratamente dal venerdì al sabato; quello che si può ancora vendere, si vende, quello che si può impegnare, s'impegna.

Anzitutto vi sono i biglietti popolari da giuocare, quelli che si giuocano sempre, perchè è una tradizione, perchè è un obbligo, perchè non se ne può fare a meno: l'ambo famoso, sei e ventidue; il terno famoso, cinque, ventotto e ottantuno; il terno della Madonna, otto, tredici e ottantaquattro. Questi terni, per fortuna del governo, non escono che ogni venti anni: quando è uscito, dopo moltissimi anni di attesa, l'ambo sei e ventidue, il governo ha pagato due milioni di piccole vincite, di cinque e di dieci lire l'una; e tutta Napoli si è coperta di *tavolelle*, vale a dire che tutti hanno pranzato o cenato con la vincita, per ricominciare a giuocare, la settimana dopo, con maggior ardore.

E ognuno ha il suo biglietto speciale, che gioca ogni settimana, da anni ed anni, con una fede che mai non crolla: un lustrascarpe ne giuocava uno da trent' anni e glielo aveva lasciato in eredità suo padre, morendo, insieme con la cassetta per lustrare : erano usciti degli ambi, tre o quattro volte, in trent'anni; il terno mai.

Un portinaio ne giuocò uno, per quarantacinque anni, senza prendere mai nulla: la prima settimana, che per un caso singolare, se ne scordò, il terno uscì — ·il portinaio morì di dolore.

E vi è sempre il biglietto del grande avvenimento, rissa o suicidio, revolverata o veleno; o infine vi è il biglietto cabalistico, quello strappato all'*assistito* o al monaco.

Questi quattro biglietti bisogna giuocarli a ogni modo; rappresentano una media variabile da cinquanta centesimi a due lire la settimana. Quando il napoletano non ha più che due soldi, li va a giuocare al *gioco piccolo* o lotto clandestino.

*
* *

Per lo più le mezzane di questa grande frode, sono le donne. Una di queste, sudicia, lacera, porta in una lunga tasca, sotto la gonnella, un registro : viene il giocatore o la giocatrice, deposita due soldi e dice i numeri: in cambio ha un pezzetto di carta sporca dove sono scritti col lapis i numeri e la promessa, invariabile : uno scudo l'ambo, quaranta scudi il terno. La donna compie il suo giro nel quartiere, tutti la conoscono, tutti sanno che mestiere fa, tutti l'aspettano : denunziarla? Nessuno l'oserebbe, è una benefattrice.

Questi introiti sono larghi, naturalmente; a furia di due soldi si arriva a centinaia e centinaia di lire : i tenitori di *gioco piccolo* arricchiscono quasi tutti.

Alla Riviera s'incontrano degli equipaggi di

ricchi borghesi, arrivati a quello col lotto clandestino ; si conoscono perfettamente le persone
ma esse non compaiono, hanno i loro agenti.
Il popolano ha una cieca fede in questi tenitori di *gioco piccolo:* ma bene spesso , nel
pomeriggio del sabato , se il tenitore ha da
pagare molte vincite, si affretta a sparire, con
tutti i suoi registri, e non paga nessuno. Che
importa ?

La settimana appresso un'altra donna rico-
mincia il suo giro e la gente ci capita di
nuovo, come attratta invincibilmente. Che delizia
per chi giuoca e per chi prende i quattrini ,
frodare il governo !

Ogni tanto la questura arresta quattro o cinque di questi agenti , di queste mezzane, li
condanna al carcere, alla multa; che importa?
Scontano la pena, pagano la multa, escono, ricominciano da capo con più ardore. Vi è chi
è stato condannato *cinque volte* per *gioco piccolo:* e ha un palazzo e si lagna della per-
secuzione del governo e la sua condanna la

chiama *na disgrazia*. L'aver messo il bigliettc
a due soldi, non è valso nulla, pel governo
la frode ha continuato, più fiorente, appoggiata
su questa grande allucinazione.

*
* *

Ora la statistica porta: che nei giorni d
giovedì, venerdì e sabato avvengono maggior
furti domestici; che in questi tre giorni si fann
più pegni al Monte di Pietà; che in quest
tre giorni le agenzie private di pegni son
affollatissime; che in questi tre giorni, me
specialmente nel pomeriggio del sabato, avven
gono maggiori risse; che infine le cose piì
brutte, più laide, più ignobili e più violentε
avvengono in questo fatale periodo, e che in
questi giorni il popolo napoletano si mette nelle
mani dell'usura: il vero cancro, di cui muore

VII.

L'USURA.

Una povera donna ha bisogno di cinque lire per pagare il padrone di casa, va a cercarle in prestito da *donna Carmela* che dà il denaro *cu a credenza*. Prima di andarci esita molto, ha paura e vergogna, ma visto che non può fare diversamente, si decide. *Donna Carmela* è una donna grassa e grossa che esercita per lo più una professione di lusso, rammenda merletti, trapuntisce le grandi coltri di bambagia che si usano in Napoli, coperte di

teletta rossa, ricama in oro sul velluto : infine una professione per la forma, che la lascia
godere di lunghi ozii ; ma la sua vera professione è il prestar quattrini alla povera gente.
Donna Carmela è verbosa e affettuosa in questo primo colloquio con la povera donna : la
rincora, la compatisce, se occorre, le confessa
di essere stata egualmente alle strette, e la
manda via tutta racconsolata, con le cinque
lire, vale a dire con quattro lire e mezzo. Il
prestito è fatto per otto giorni, l'interesse è
di due soldi per lira, si paga anticipato : quindi
sulle cinque lire, la povera donna lascia cinquanta centesimi. Gli otto giorni passano, le
cinque lire da restituire la povera donna non
le ha, allora, tutta rossa di vergogna, prega
donna Carmela di contentarsi di un'altra set-
tima d'interesse, cinquanta centesimi : *donna
Carmela* non dice nulla e intasca i dieci soldi.
Così passano quattro, cinque, fino a dieci set-
timane, senza che la povera donna abbia mai
potuto riunire le cinque lire : e ogni lunedì

le tocca pagare l'interesse del dieci per cento
ogni otto giorni : e dopo la quinta settimana
donna Carmela è diventata una iena, bisogna
pregarla perchè non gridi , perchè non faccia
delle scene , essa vuole il suo denaro , vuole
il sangue suo, l'interesse non le serve , le
servono i quattrini del capitale. Sulla soglia
delle porte, nei bassi, alle porte delle officine,
ogni sabato, ogni lunedì si ode la voce irosa
di *donna Carmela*: essa dal mattino è in giro
per esigere, *ricoglie*, e fa tremare uomini e
donne , con il suo tòno alto e imperioso. In
un posto ha da esigere una lira , in un altro
due , in un altro cinque : e non osano ribellarsi a lei, non avendo da pagarla, non osano
ribellarsi, potendo aver sempre bisogno di lei.
Quella donna grassa è implacabile , sa la sua
forza , sa la sua potenza : se una serva non
paga, essa minaccia di fare uno scandalo con
la padrona, se una donna non paga, essa minaccia di dirlo al marito , se un operaio non
paga, essa sa l'indirizzo del capo di officina a

cui va a denunciarlo. Ella è astuta e cauta, audace e sboccata: ella resta sempre nella posizione di una benefattrice a cui codesti ingrati rodono le fibre e bevono il sangue. E infatti nessuno le dà una coltellata, nessuno la bastona, nessuno la insulta, e quel che è più forte ancora, nessuno ha il coraggio di negarle i quattrini: l'onestà del popolo napoletano non è neppur capace di truffare una usuraia. Non le danno neppur torto nelle sue escandescenze: e cercano sempre di mansuefarla.

Quando una povera donna napoletana ha bisogno di un grembiule, di un vestito, di un fazzoletto da collo, di un paio di camicie, non avendo quattrini per comperarlo, si decide ad andare da *donna Raffaela* che dà *la robba cu a credenza*. Quest'altra usuraia prende a basso prezzo tela e percallo e fazzoletti di cotone dei negozi: e li rivende alla povera gente. Ogni oggetto, naturalmente, è pagato molto più caro del suo valore: primo guadagno. Poi, come all'altra usuraia, bisogna pagare l'interesse del dieci per cento alla settimana sulla somma. Questi debiti, complicati continuamente, pesano sulla esistenza delle povere donne per mesi e mesi : talchè, molto spesso , il grembiule si è consumato, la veste è lacera, le camicie sono bucate, la povera donna ne ha pagato tre volte il valore , e il debito rimane sempre uguale ; *donna Raffaela* è furibonda , ella grida come una energumena, vuole strappare dal collo della donna il fazzoletto che le ha venduto , vuole scioglierle dai fianchi il grembiule e va gridando : *Chesta è robba mia! T'aie arrobbato lu sango mio!* Come l'altra, ella finisce per incassare quattro o cinque volte il capitale ; come l'altra , ella è necessaria alla povera gente, la quale non reagisce mai contro queste violenze ; come l'altra, ella non arrischia mai che piccoli capitali, preferendo di far piccoli e molti affari , dove non vi sono rischi, a grossi affari che offrono sempre dei pericoli.

Le agenzie private di pegni e spegni rappresentano l'usura organizzata in un modo legale. Queste agenzie non sono, come negli altri paesi, succursali del Monte di Pietà, che debbono conformarsi alle tariffe del grande istituto di misericordia; ma sono speculazioni debitamente autorizzate e viventi con capitali proprii. Per lo più sono esercitate da donne, profondamente sottili nella loro volgarità e nella loro ignoranza, e vengono messe su con pochi capitali. Anzitutto, in queste agenzie, l'oggetto è depreziato vilmente, specie se non è oro: e il primo guadagno è su questo. Vi si paga un fantastico diritto di registro, poi un tanto per la *cartella*, poi l'interesse anticipato per un mese, tutto questo così complicato, così bene salvaguardato, così apparentemente legale, che questa agenzia esige il cinque per cento d'interesse al mese, senza che nessuno abbia il diritto di lagnarsi. So di una moglie d'impiegato che dovette impegnare il suo unico vestito di seta, il vestito delle nozze, che era costato duecentocinquanta lire, in una di queste agenzic tenuta da una grossa *donna Gabriela;* n'ebbe trentasei lire, di cui ritirò soltanto trentuna, lasciandone cinque per l'interesse, la cartella e il diritto di registro. Per sei mesi, tremando che non le vendessero il suo vestito e non avendo le trentasei lire, le toccò pagare, ogni mese, cinque lire, vale a dire che restituì i quattrini presi : al settimo non ebbe neppure quelle cinque lire e il vestito fu venduto. Accorse, per vedere almeno di prendere il di più, poichè il vestito era nuovo e si era dovuto vender bene : invece era stato *liberato* per trenta lire, almeno così apparve dal libro. Ebbe poi il piacere d'incontrare *donna Gabriela* al teatro col suo vestito indosso e carica di ori e di gioielli, ricomprati all'agenzia. Poichè molte di queste donne amano sovraccaricarsi degli oggetti che hanno in deposito e più di una popolana vede passare l'*impegnatrice* che va alla passeggiata, portando al collo il *laccetto* d'oro che ella ha dovuto impegnare, alle orecchie gli orecchini di una vicina, e sulle spalle

il mantello di velluto della signora del terzo
piano : e dietro le porte, dietro le finestre,
quando l'*impegnatrice* passa, vi sono dei so-
spiri repressi, delle lagrime inghiottite, dei pal-
lori subitanei : l'*impegnatrice* sembra un idolo
indiano, a cui si sacrifichi oro e sangue. Alcune *impegnatrici*, più astute e più calcola-
trici, impegnano di nuovo, ma al Banco, gli
oggetti di oro e di valore, guadagnandoci ancora, poichè il Banco dà onestamente il terzo
del valore ed esse neppure il quinto : così au-
mentano i loro capitali e mettono gli oggetti
al sicuro.

Ma perchè — si domanda — la povera gente
non si rivolge ai due Banchi dello Spirito Santo
e di Donnaregina? Perchè si fa spogliare da
queste agenzie? Gli è che a questi Banchi
governativi il tramite è molto lungo — e molta
gente non ha pazienza, non sa come fare,
vuole sbrigarsi presto, è presa da una necessità urgentissima e preferisce entrare in una
delle prime agenzie che trova, dove la servono

subito, senza formalità e senza molte parole ; gli è che in questi Banchi governativi la pubblicità è sempre grande, e una persona timida vi arrossisce di vergogna e preferisce entrare nella penombra discreta delle agenzie private, dove tutto sembra fatto con una grande segretezza ; gli è che il venerdì ed il sabato, perchè il popolo napoletano deve giuocare al lotto , o ha giuocato, la folla è così grande che i Banchi governativi non bastano più e il popolino si riversa nelle agenzie private.

Ora, calcolate. Ogni vicolo ha la sua *donna Carmela*, ogni strada ha la sua *donna Raffaela*, ogni angolo di piazza ha la sua agenzia autorizzata ; e in certe strade nere, ogni tre botteghe s'impegna. Calcolate, moltiplicate, moltiplicate, pensate alla miseria , pensate al lotto : da un lato l'avidità e la furberia : dall'altro l'onestà e l'ingenuità. Di questo cancro, l'usura, che tutto alimenta, agonizza in una infelicità infinita la gente napoletana.

VIII.

IL PITTORESCO.

Alla mattina, se avete il sonno leggiero, fra i tanti rumori napoletani, udirete uno scampanio in cadenza che ora tace, ora incomincia dopo breve intervallo: e insieme un aprire e chiuder porte, uno schiuder di finestre e di balconi, un parlare, un discutere a voce alta dalla strada e dalle finestre. Sono le vacche che vanno in giro per un paio d'ore, condotte ognuna da un vaccaro sudicio, per mezzo di una fune: le serve comprano i due soldi di latte, attardandosi sulla soglia del portone, litigando sulla misura; molte per non aver il fastidio di far le scale, calano dalla finestra un panierino dove ci è un bicchiere vuoto e un soldo, e da sopra protestano che è troppo poco, che il vaccaro è un ladro e fanno risalire il panierino con molta precauzione per non versare il latte; poi sbattono rabbiosamente le finestre.

Queste vacche si fermano innanzi a ogni porta, nel loro giro mattinale: dove le serve dormono ancora, il vaccaro grida forte *acalate u panaro;* se non sentono, batte forte il campanaccio della vacca. È un quadro pittoresco, mattinale: quelle vacche tutte incrostate di fango, quel vaccaro dalle mani nere che sporcano il bicchiere, quelle serve scapigliate e discinte, quelle comari dalla camiciuola macchiata di pomidoro.

L'altro lato del quadro è nel pomeriggio; dalle quattro alle sei, uno scampanellìo acuto e fitto: sono le mandre di capre che scorraz-

zano per tutte le vie della città, ogni branco
guidato da un capraro con un frustino.

A ogni portone il branco si ferma, si butta
a terra, per riposarsi, il capraro acchiappa una
capra, la trascina dentro il portone per mun-
gerla innanzi agli occhi della serva, che è
scesa giù; talvolta la padrona è diffidente, non
crede nè all'onestà del capraro, nè a quella
della serva; allora capraio e capra salgono sino
al terzo piano, e sul pianerottolo si forma un
consiglio di famiglia per sorvegliare la mun-
gitura del latte.

Il capraro e la sua capra ridiscendono, ga-
loppando, dando di petto contro qualche infelice che sale e che non aspetta questo incon-
tro: giù, alla porta è un combattimento fra
il capraro e le sue capre per farle muovere,
fino a che queste prendono una corsa sfuriata,
massime quando si avvicina la sera e sanno
che ritornano sulle colline.

In tutte le città civili, queste mandre di
bestie utili ma sporche e puzzolenti, queste

vacche non si vedono per le vie : il latte si
compra nelle botteghe pulite e bianche di marmi.

A' Napoli, no : è troppo pittoresco il costu-
me, per abolirlo. Nessun municipio osa farlo.
La gran riforma, in venticinque anni, è stata
che non potessero girare per le strade i maiali,
come era prima permesso.

*
* *

Un'altra cosa molto pittoresca, è il seque-
stro delle strade , fatto per opera dei piccoli
bottegai o dei venditori ambulanti. Che quadri
di colore acceso, vivo, cangiante , che bella e
grande festa degli occhi , che descrizione potente e carnosa potrebbero ispirare a uno dei
moderni sperimentali , troppo preoccupati del-
l'ambiente ! Per via Roma , la più importante
strada della città, il tratto da San Nicola alla
Carità, fino alle Chianche della Carità, vale a

dire, due piazze, due lunghi marciapiedi, sino
alle otto della mattina è abbandonata ai venditori di frutta, di erbaggi, di legumi, un con-
trasto di fichi e di fave, di uva e di cicoria
di pomidoro e di peperoni, e un buttar acqua
sempre, uno spruzzare, uno scartare la roba
fradicia; dopo le otto, quel tratto è un campo
di battaglia di acque fetenti, di buccie, di fo
glie di cavolo,. di frutta marcite, di pomidoro
crepati, tanto che, come la mano fatale di mi
stress Macbeth, che tutte le acque dell'Oceano
non potevano lavare, quel tratto di strada, via
Roma, malgrado le premure degli spazzini, non
arriva mai a detergersi.

Intanto il grande mercato di Monteoliveto
lì presso, resta semi-vuoto, con la malinconia
dei grandi fabbricati inutili; quello di San Pasquale a Chiaia è addirittura chiuso; il venditore napoletano non vuole andarci, vuol ven
dere nelle strade.

Tutto il quartiere della Pignasecca, dal largo
della Carità, sino ai Ventaglieri, passando per

Montesanto, è ostruito da un mercato conti-
nuo. Ci sono le botteghe, ma tutto si vende
nella via; i marciapiedi sono scomparsi, chi li
ha mai visti? I maccheroni, gli erbaggi, i ge-
neri coloniali, le frutta, i salami, e i formaggi,
tutto, tutto nella strada, al sole, alle nuvole,
alla pioggia; le casse, il banco, le bilancie, le
vetrine, tutto, tutto nella via; ci si frigge,
essendovi una famosa friggitrice, ci si vendono
i melloni, essendovi un mellonaro famoso *per
dar la voce:* vanno e vengono gli asini ca-
richi di frutta; l'asino è il padrone tranquillo
e potente della Pignasecca.

Qui il romanzo sperimentale potrebbe anche
applicare la sua tradizionale sinfonia degli odori,
poichè si subiscono musiche inconcepibili: l'olio
fritto, il salame rancido, il formaggio forte, il
pepe pestato nel mortaio, l'aceto acuto, il bac-
calà in molle. Nel mezzo della sinfonia della
Pignasecca, vi è il gran *motivo* profondo e che
turba; la vendita del pesce, specialmente del
tonno in pieno sole, su certi banchi inclinati,

di marmo. Alla mattina il tonno va a ventisei
soldi e il pescivendolo grida il prezzo con or-
goglio: ma, come la sera arriva, per il decli-
nare dell'ora e della merce, il tonno scende a
ventiquattro, a una lira, a diciotto soldi; quando
arriva a dodici soldi, la gran nota sinfonica del
puzzo ha raggiunto il suo apogèo.

La Pignasecca non può mai essere pulita;
nessun municipio ha mai osato dichiararla via
di *sbarazzo*. Il quartiere del Sangue di Cristo,
detto piuttosto *o sanghe de galline*, per ri-
spetto al nome del Redentore, se ne ride del
municipio.

Del resto, tutto questo è bellissimo pel pit-
tore e pel novelliere.

*
* *

Nulla più pittoresco che la strada di Santa
Lucia, di esclusiva proprietà dei signori pesca-

tori e marinai, intrecciatori di nasse e venditori di ostriche; nonchè delle loro signore
mogli, venditrici di acqua sulfurea e di ciam-
bellette, cucinatrici di polipi e friggitrici di
peperoni; nonchè dei loro signori figlioli, in
numero indefinito, nudi e bruni come il bronzo.

In quella strada, all'aria aperta, tutto si fa:
il bucato e la conserva di pomidoro, la pettina-
tura delle donne e la spulciatura dei gatti, la
cucina e l'amoreggiamento, la partita a carte
e la partita alla morra. La strada di Santa
Lucia appartiene ai *luciani,* che fanno il loro
comodo. Le quattro viottole cieche che salgono
da Santa Lucia verso la collina, valgono i *fondaci* del quartiere Mercato, per il luridume:
i cavalcavia uniscono le case pencolanti e sbuz-
zanti, le cordicelle vanno da un balcone all'altro,
un lumicino innanzi a una Madonnina nera illumina soltanto la viottola, dove va a cadere
tutto il sudiciume di quella gente.

Non vi è più marciapiede, verso il mare: i
luciani se lo pigliano tutto, per le nasse e per

le fiasche dell'acqua sulfurea. Nell'estate, anzi, dormono sul marciapiede o sul parapetto e brontolano contro colui che osa passare e svegliarli. Verso le case, non ci si accosta nessuno : lì, per scherzo, volano i torsi di spighe e le buccie dei fichi, e le cantine mettono le *tavolelle* pei bevitori, nella via.

I *luciani* sopportano che il *tram* passi per la loro via, ma ci bestemmiano contro, spesso e volontieri, poichè è una usurpazione della loro strada : le venditrici di acqua sulfurea paiono tanti uomini vestititi da donne, con gli zoccoli dal tacco alto, la gonna corta legata sullo stomaco, le *rosette* di perle sostenute con un filo nero all' orecchio, perchè non si spezzi il lobo pel peso. Sono naturalmente rissose e brutali : vi dànno a bere l' acqua per forza, litigano ogni minuto fra loro, rubandosi gli avventori. Sono indomabili: per poterle governare, il delegato del quartiere deve essere anche un *luciano,* che le pigli a male parole.

Una volta, due di esse bastonarono fino all'estenuazione una guardia municipale che voleva loro assegnare una contravvenzione: è vero però che il giorno seguente si quotarono per aiutarne la madre vecchia, mentre il figlio era all'ospedale.

Ma Santa Lucia, tutta pittoresca, resta sempre fuori delle leggi d'edilizia e d'igiene: è un borgo fortificato.

Forse il colera non vi avrà fatto strage: vi è il mare e vi è il sole. Ma che mare nero, untuoso! Ma qual putrefazione non illumina quel sole!

È pittoresco per un amante del colore, veder girare, di sera, per via Roma, un carretto disposto a mensa, su cui, in tanti piattelli, vedi dei castelletti di fichi d'India, sbucciati : un uomo spinge il carretto, una lampada a petrolio vi fumiga, il carretto si ferma ogni tanto. Riparte, lasciando talvolta dietro di sè le bucce spinose e sdrucciolevoli.

È drammatico assai, per un novelliere, girare dopo mezzanotte : e trovare degli uomini che dormono sotto il porticato di San Francesco di Paola, col ·capo appoggiato alle basi delle colonne : degli uomini che dormono sui banchi dei giardinetti in piazza Municipio ; dei bimbi e delle bimbe che dormono sugli scalini delle chiese di San Ferdinando, Santa Brigida, la Madonna delle Grazie, specialmente quest'ultima che ha una scala larga e certi poggiuoli ampi : nel centro di via Roma.

Può piacere all' uno e all' altro, che giusto a due passi da via Roma, vi sia il Chiostro di San Tommaso d' Aquino, dove non ci sono più monaci, ma che è un piccolo *fondaco,* una piccola Corte dei Miracoli, con le sue viuzze nere, i suoi budelli, le sue *vinelle,* e le sue

botteghe brulicanti di ombre e le sue case brulicanti di poveri e d'infelici.

Ma in realtà è molto triste, molto crudele
che tutto questo esista ancora, e che creature
umane lo subiscano e che uomini di cuore sop-
portino che questo sia.

IX.

LA PIETÀ.

Quando una popolana napoletana non ha figli,
essa non si addolora segretamente della sua
sterilità , non fa una cura mirabile per gua-
rirne come le sposine aristocratiche , non al-
leva un cagnolino o una gattina o un pappa-
gallo come le sposette della borghesia. Una
mattina di domenica ella si avvia, con suo marito, all'Annunziata, dove sono riunite le tro-
vatelle: e fra le bimbe e i bimbi, allora svez-
zati o già grandicelli, ella ne sceglie uno con

cui ha più simpatizzato, e, fatta la dichiarazione
al governatore della pia opera, porta con sè,
trionfando, per lo più la piccola *figlia della
Madonna.*

Questa creaturina, non sua, ella l'ama come
se l'avesse essa messa al mondo; ella soffre
di vederla soffrire, per malattia o per miseria,
come se fossero viscere sue; nella piccola uma-
nità infantile napoletana i più battuti sono certamente i figli legittimi; di battere una *figlia
della Madonna,* ognuno ha un certo ritegno;
una certa pietà gentilissima fa esclamare alla
madre adottiva: *puverella, nun aggio core de
la vattere, è figlia de la Madonna.* Se questa creatura fiorisce in salute e in bellezza, la
madre ne va gloriósa come di opera sua, cerca
di mandarla a scuola o almeno da una sarta
per imparare a cucire, poichè certamente, per
la sua bellezza, la bimba è figlia di un prin-
cipe: in nessun caso, di miseria o d'infermità,
la madre adottiva riporta, come potrebbe, la
figliuola all'Annunziata. E l'affezione, scambie-

vole, è profonda come se realmente fosse filiale; e a una certa età il ricordo dell'Annunziata scompare e questa madre fittizia acquista realmente una figliuola.

*
* *

Ma vi è di più: una madre ha cinque figli. Il più piccolo ammala gravemente, ella si vota alla Madonna, purchè suo figlio guarisca; ella adotterà una creatura trovatella. Il figlio muore; ma la pia madre, portando al collo il fazzoletto nero che è tutto il suo lutto, compie il voto, lagrimando. Così, a poco a poco, la creatura viva e bella consola la madre della creatura morta, e vi resta in lei solo una dolcezza di ricordo e vi fiorisce una gratitudine grande per la *figlia della Madonna*.

Talvolta il figlio guarisce e il primo giorno in cui può uscire, la madre se lo toglie in

collo e lo porta nella chiesa dell' Annunziata,
gli fa baciare l'altare, poi vanno dentro a sce-
gliere la sorellina o il fratellino. E fra i cinque o sei figli legittimi, la povera trovatella
non sente mai di essere una intrusa, non è
mai minacciata di essere cacciata, mangia come
gli altri mangiano, lavora come gli altri lavorano, i fratelli la sorvegliano perchè non s'in-
namori di qualche scapestrato, ella si marita
e piange dirottamente quando parte dalla casa,
e ci ritorna sempre, come a rifugio e a con-
forto.

Un caso frequente di pietà è questo: una
madre troppo debole o infiacchita dal lavoro
ha un bambino, ma non ha latte. Vi è sempre
un'amica o una vicina o qualunque estranea

pietosa che offre il suo latte; ne allatterà due, che importa? il Signore ci penserà a mandarle il latte sufficiente. Tre volte al giorno la madre dal seno arido porta il suo bimbo in casa della madre felice: e seduta sulla soglia, guarda malinconicamente il suo figlio succhiare la vita. Bisogna aver visto questa scena e avere inteso il tono di voce sommesso, umile, riconoscentè con cui ella dice, riprendendosi in collo il bimbo: *u Signore t'u renne la carità che fai a sto figlio.* E la madre di latte finisce per mettere amore a questo secondo bimbo, e allo svezzamento ci soffre di non vederlo più: e ogni tanto va a ritrovarlo, a portargli un soldo di frutta o un amuleto della Vergine; il bimbo ha due madri.

Io ho visto anche altro: una povera donna andava in servizio, non poteva tenere presso di sè il suo bimbo, lo lasciava a un'altra povera donna, che orlava gli stivaletti e lavorava in casa, cioè nella strada. Ella metteva i due bimbi, il suo e quello della sua amica, nello stesso *sportone* (culla di vimini), attaccava una funicella all'orlo dello sportone e dall'altra parte al proprio piede, e mentre orlava gli stivaletti, canticchiava la ninna nanna per i due bimbi; mentre orlava gli stivaletti, mandava avanti e indietro il piede per cullare i due bimbi nello stesso sportone.

A un'altra donna che stava in servizio, un'amica teneva il bimbo; ma veniva a portarglielo, da molto lontano, per farlo succhiare, sudando sotto il sole, con quel bimbo pesante in collo. L'intervista accadeva sul pianerottolo o in cucina: e accadevano questi piccoli dialoghi:

— *S' è stato coieto almeno?*

— *Coieto sì, ma tene sempe famme.*

— *Core de mamma soia!*

Poi l'allattamento finiva, l'amica riprendeva il bimbo non suo, dicendogli:

— *Jammoncenne alla casa, ja'; core de la zia, saluta, saluta a mammà.*

E se ne andava tranquillamente senza mormorare, mentre la madre, dal finestrino della cucina, guardava ancora una volta suo figlio.

*
* *

È naturale che il popolo non possa fare carità di denaro al più povero di lui, non avendone: ma si vedono e si sentono carità più squisite, più gentili.

Una cuoca si metteva sempre di malumore quando la padrona ordinava il brodo: era soltanto felice quando si órdinavano maccheroni o legumi o risotto, grosse e nutrienti minestre. Fu lungamente sospettata d'ingordigia, sebbene alla sua personcina malandata fosse più necessario il brodo che i maccheroni: in realtà ella dava la sua minestra, ogni giorno, ai due bimbi della portinaia, o preferiva dar loro un grosso piatto, anzichè tre cucchiaiate di brodo: ella — rimaneva senza.

Alla sera, quando vanno via, tutte le serve portano un fagottino degli avanzi del pranzo, quando la padrona ha la bontà di darglieli: e non servono per sè, sono per un fratellino, o per un nipote o per una madre vecchia o per qualche povera donna che non ha altro.

Nessuna serva mangia mai tutto quello che le date: tre quarti, una metà, talvolta tutto è destinato a un'altra persona.

E gli ammalati degli ospedali, la gente carcerata, trovano sempre una sorella, una zia, una comare, un'amica, un'amante che si torturano una settimana, per poter comperare al giovedì o alla domenica quattro aranci da sollevare la sete dell'infermo o della inferma, che lavano di notte, in fretta e in furia, la camicia del carcerato per potergliela portare il giorno seguente, lavata e stirata.

Bisogna andare a vedere che cosa sono le porte degli ospedali, nei giorni di visita: e che folla femminile vi si accalca, pallida e ansiosa! Io ho visto una moglie a cui il marito era morto all' ospedale, in un giorno, andare dal direttore, da quanti medici di cui potette avere l'indirizzo, dalla direttrice delle suore, dalle suore, dagli inservienti, e piangere e pregare e scapigliarsi e scongiurarli, in nome di Cristo, che non le squartassero il marito. L'idea della morte la sopportava, ma l'autopsia la esasperava.

Nessuna donna che mangi, nella strada, vede fermarsi un bambino a guardare, senza dargli subito di quello che mangia: e quando non ha altro, gli dà del pane. Appena una donna incinta si ferma in una via, tutti quelli che mangiano o che vendono qualche cosa da mangiare, senza che ella mostri nessun desiderio, gliene danno parte, la obbligano a prenderlo, non vogliono avere lo *scrupolo*.

E i poveri che girano, sono aiutati alla meglio, da quella gente povera: chi dà un pezzo di pane, chi due o tre pomidoro, chi una cipolla, chi un po' d'olio, chi due fichi, chi una paletta di carboncini accesi: una donna, per fare la carità in qualche modo, lasciava che una mendicante venisse a cuocere sul proprio fuoco, sul focolaretto di tufo, il poco di commestibile che la mendicante aveva raccattato. Tanto avrebbe dovuto perdersi, quel rosto di fuoco, dopo la sua cucina; era meglio adoperàrlo a sollevare una miserabile.

Un' altra faceva una carità più ingegnosa: essendo già lei povera, mangiava dei maccheroni cotti nell'acqua e conditi solo con un po, di formaggio piccante, ma la sua vicina, poverissima, non aveva che dei tozzi di pane secco, duro.

Allora quella meno povera regalava alla sua vicina l' acqua dove erano stati cotti i maccheroni, un' acqua biancastra che ella rovesciava su quei tozzi di pane che si facevano molli e *almeno avevano un certo sapore di maccheroni.*

*
* *

Una giovane cucitrice era stata a Gesù e Maria, l'ospedale, con una polmonite; poi si era guarita e·pallida, esaurita, sfinita, era venuta via. Pure l'ospedale, per assisterla ancora in vista di una tisi probabile, le concedeva; ogni mattina, quattro dita di olio di fegato di merluzzo·, che ella doveva andare a prendere lassù. Ella capitava ogni mattina, col suo bicchiere, sino a che fu rimessa completamente in salute: e allora le dissero che non le avrebbero più data la medicina. Ella si confuse, impallidì, pianse, pregò la monaca che per carità non gli sospendesse quell'olio — e infine fu saputo che di quell'olio ella si privava per darlo in elemosina a una povera donna — la quale, per miseria, superato il naturale disgusto, lo adoperava a condire il pane o a friggerci un soldo di peperoni.

*
* *

E ancora un altro fatto mi rammento. Un giorno, al larghetto Consiglio, una donna incinta, presa dalle doglie, si abbattè sugli scalini e sgravò nella strada. Il tumulto fu grande: ella taceva, ma per pietà, per commozione molte altre donne strillavano e piangevano. E in poco tempo, da tutti i *bassi*, da tutte le botteghe, da tutti i sottoscala, vennero fuori camicioline e fasce per avvolgervi la povera creaturina e lenzuola per la povera puerpera. Una madre offrì la culla del suo bimbo morto; un'altra battezzò il bimbo, facendogli il segno della croce sul visino; una terza questuò per tutte le case del vicinato; una quarta, serva, si offrì e andò a fare il servizio per la povera puerpera. La moglie del fornaio divise il suo letto con la puerpera: e il fornaio dormì sopra una tavola per dieci giorni, avendo per cuscino un sacco. E quella miserella piangeva di emozione, ogni volta che baciava suo figlio.

COMMIATO.

*Qui finisce questo breve studio di verità
e di dolore. Esso è troppo piccolo per contenere tutta la grande verità della miseria
napoletana: troppo piccolo, sia permesso
dirlo, per contenere l'umile e forte amore
di un cuore napoletano. Opera incompleta
di cronista, non di scrittore, uscito come
un grido dall'anima, valga come ricordo,
valga come preghiera. Serva per pregare
chi può, per ricordare a chi deve: non abbandonate Napoli, ora che il colera è finito.
Non la abbandonate di nuovo, presi dalla*

politica o dagli affari, non lasciate che ago-
nizzi di nuovo questo paese che tutti dob-
biamo amare. Fra le belle e buone città
d'Italia, Napoli è la più gentilmente bella,
la più profondamente buona. Non la lasciate
povera, sporca, ignorante, senza lavoro,
senza soccorso: non distruggete, in lei, la
poesia d'Italia.

INDICE